U0139777

冲段必备

化繁为简学围棋

中国流布局

邹俊杰 著

山西出版传媒集团　书海出版社

图书在版编目（CIP）数据

化繁为简学围棋. 中国流布局 / 邹俊杰著. —太原：
书海出版社，2023.6
　　ISBN 978-7-5571-0112-1

　　Ⅰ. ①化… Ⅱ. ①邹… Ⅲ. ①围棋—基本知识 Ⅳ.
①G891.3

中国国家版本馆CIP数据核字（2023）第076459号

化繁为简学围棋. 中国流布局

著　　　者：	邹俊杰
责任编辑：	张　洁
执行编辑：	侯天祥
助理编辑：	王逸雪
复　　　审：	崔人杰
终　　　审：	梁晋华
装帧设计：	谢　成

出 版 者：	山西出版传媒集团·书海出版社
地　　　址：	太原市建设南路21号
邮　　　编：	030012
发行营销：	0351-4922220　4955996　4956039　4922127（传真）
天猫官网：	https://sxrmcbs.tmall.com　电话：0351-4922159
E－mail：	sxskcb@163.com　发行部
	sxskcb@126.com　总编室
网　　　址：	www.sxskcb.com

经 销 者：	山西出版传媒集团·书海出版社
承 印 厂：	山西出版传媒集团·山西人民印刷有限责任公司

开　　　本：	787mm×1092mm　1/32
印　　　张：	5.125
字　　　数：	70千字
版　　　次：	2023年6月　第1版
印　　　次：	2023年6月　第1次印刷
书　　　号：	ISBN 978-7-5571-0112-1
定　　　价：	20.00元

如有印装质量问题请与本社联系调换

前　言

哈喽，大家好，我是邹俊杰。熟悉我的朋友们应该知道，我之前写过一套围棋系列书籍叫做《变与不变》。这一晃，都快十年了，无论怎样"变与不变"，围棋终究是变了。AI的出现，给围棋技术带来了革命性的变化，很多下法被淘汰，同时，也有了很多创新的下法。怎么说呢？

AI的出现，让我们所有的围棋人，都重新开始学习围棋。这次，我就是来和大家分享我的学习笔记的。

我们都知道，AI具备着超强大的算力。因此，AI的很多招法背后的逻辑是难以理解的。并且，它是机器，只告诉你胜率，一个冰冷的数据。它没法告诉你它的逻辑推理过程、它的思考方式，您只能自己去揣摩。它也没有情感，不知道人类擅长掌握什么局面，棋手之间的风格差异和个人喜好。所以，即使是顶尖的职业选手用AI学习，AI也不能教授他们如何控制局面，将局面简化并把优势保持到终点。因为，AI只会告诉你：胜率！胜率！胜率！

对不起，这个胜率是AI眼中的胜率，不是你眼中的胜率！就像乔丹告诉你，他可以在罚球线起跳，并且在空中滑行的过程中，抽空想想今晚是吃披萨还是牛排，喝哪个品牌的红酒。然后，再将篮球轻松地灌进篮筐。对不起，你就是原地扣篮也是不太可能的事，更别说罚球线扣篮了。

所以，AI的招法我们是需要简化地学习的。也就是说，化繁为简，放弃一些复杂的下法，找到相对简明又能控制局面的下法，这才是关键！如同健身一样，每个人能力不同，训练力量的强度则不同。咱们必须找到适合自己的下法，这才是最重要的！毕竟，围棋需要咱们自己去下，你不能总拿着AI的胜率去指点江山。如果靠嘴下棋可以赢棋，我想我也可以和乔丹较量一下篮球啦。

好啦！讲了这么多废话，我写这套书的目的是什么呢？我就是想让大家轻松地学习AI的招法。

无论是开局定式还是实战常型，我都想把我对AI下法的理解，配合全局的思考，以及我个人对局面的喜好呈现给大家，让大家能更好地理解和掌握一些流行的下法。

我们都知道，围棋始终是计算的游戏。提高计算力最好的方式就是做死活题。但当你有了一定的计算基础，掌握一些流行定式和实战常型的下法就是如虎添翼，会让你的实战能力得到极大的提高！

而光看AI的胜率是很枯燥的，它没有情感。人类的柴米油盐酱醋茶、琴棋书画诗酒花，AI完全不懂！并且，围棋中很多非常复杂的战斗，即使有AI辅助，人类依然很难搞明白。

所以，我就想，咱能不能化繁为简，让大家轻松学AI呢？

我想试试看！希望这次出版的系列作品，能给大家带来精神的愉悦和棋力的提高。如果一不小心，能帮助您多赢几盘棋，升个段啥的，我就非常愉快啦！

图一

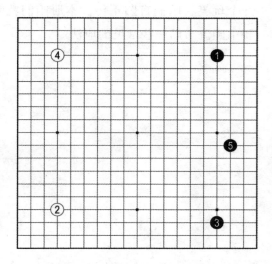

中国流布局曾经也是风靡一时的开局。现在属于 AI 时代，职业的比赛满盘都在点三三。可在二十年前的围甲联赛的赛场上，中国流的开局能让你看到"吐"！

据说，某个职业棋手赢棋之后与对手复盘时说："这盘棋你的败招出现在第 4 手！因为，被我布成了中国流！"

呃……对方只能拂袖而去！

还能不能好好做朋友啦！

拜托！这位棋手估计古龙的小说看多了，

以为自己能一剑封喉！

开个玩笑，咱们言归正传。本册咱们就来聊一聊中国流布局一些常见的应法。

图二

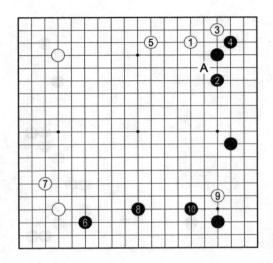

至黑 10，是以前非常流行的开局。

AI 时代来临之后，右上角的定式几乎见不到了。

邹老师，您不读书、不看报啊！白 3 一般都是在 A 位点刺的。

我当然知道！不要气我，您知道的，邹老师一般都知道一点。

右上角不是本册的重点。关于 A 位刺，咱们今后有缘再讲。

图三

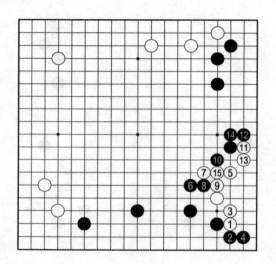

接上图。

资深的棋迷朋友们，应该很熟悉本图的进行吧。

那个年代，几乎都当成"定式"一样。

不过，至白15的定型，我一直都不太喜欢白棋。

不觉得白棋活得憋屈吗？

带着这样的困惑，我去瞧了瞧AI给出的胜率。

AI老师认为，本图双方胜率接近，都可下。

只不过，AI老师认为，白棋有更好的下法！

图四

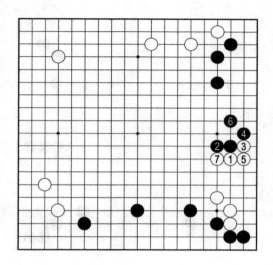

白1碰，是AI老师强烈推荐的下法！

有没有发现，AI老师特别喜欢贴着对手下？

小黑："兄弟，天气这么热，不嫌挤吗？"

小白："挤一挤，才能挤出效率嘛。"

如图，进行至白7，与上图对比一下，是不是发现白棋的空间变大了？

所以，要想多抢地盘，咱们就得挤！

图五

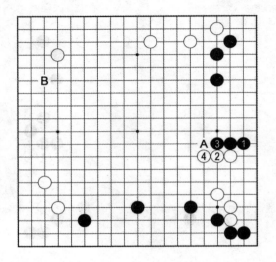

黑1下立，也有被白棋便宜之感！

至白4长，白棋棋形舒展。

接下来，黑棋如A位贴，白棋可脱先于B位抢大场。

小白："黑兄，今早没吃饭吧？这棋下得软绵绵的，能不能给点压力！"

图六

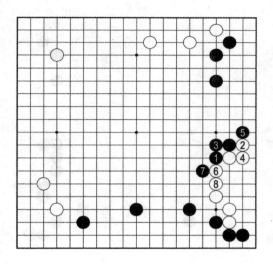

黑1上扳，是第一感。

白2下扳，可谓四两拨千斤，好棋！

至白8，白棋搭起了安全的小屋。

本图与图三作比较，黑棋上边薄弱，实空亏损，白棋可以满意。

邹老师，黑5为啥让白棋活得那么舒服？

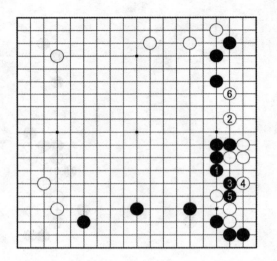

你以为我不想长啊!

黑1是后手啊!

至白6,白棋活到上边,黑棋有重拳打空的感觉。

邹老师,那是您的拳还不够重!

哦?请赐教。

图八

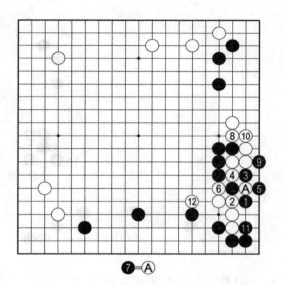

⑦=Ⓐ

黑1扳下，这拳才够重！

白6打吃，黑棋劫材不利，只得7位粘上。

黑11连回，白12靠出，战斗如何呢？

很不幸地告诉您，您这是七伤拳！

伤心、伤神、伤肝、伤肺……

黑棋为了分断白棋，子力全部走在一二线上，效率极低。并且，白12靠出之后，黑棋上边四颗子被孤立，到底谁是被告？

图九

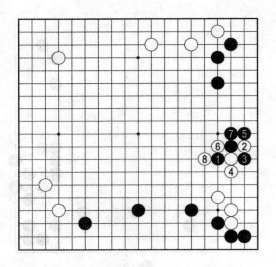

黑3吃子，白棋也很欢迎。

至白8，黑吃在下边，白吃在上边，优劣肉眼可见！

小白："黑兄，别气馁。只要哥有肉吃，就有你一口汤。"

邹老师，白棋好像征子不利啊！

来吧，我在等你。

图十

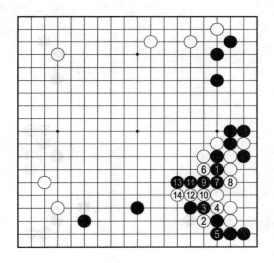

黑1跑，白2夹是精彩的手段。

"我在这儿等着你回来……"

一切都是预谋好的！

至白14，黑棋棋形裂了！

小白："这下，连汤都没的喝了。"

图十一

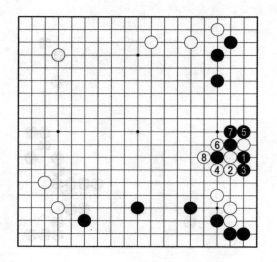

黑3爬也不行。

白4简单应对即可。

黑棋没办法反击，至白8，白明显有利！

小黑："唉，又只剩下汤了，肉呢！"

小白："悄悄告诉你，这汤还是隔了夜的。"

图十二

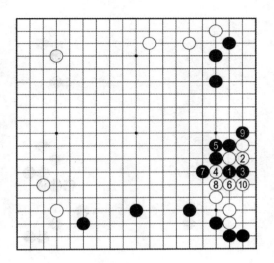

黑1、3从这里发力也不行。

白4断，黑棋只得弃子。

至白10，黑棋还不如图六的进行。

邹老师，黑5不能反击吗？

您的形势判断能力还需要提高！

图十三

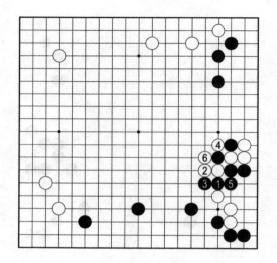

　　黑1、3吃下边，至白6的转换，黑棋明显亏损！

　　黑5不能于6位跑，5位欠着断点，黑棋跑不出去。

　　邹老师，这图黑棋当然是不好。我说的是，黑3粘在4位！

　　我明白了，您这是在质疑我的计算力啊！

图十四

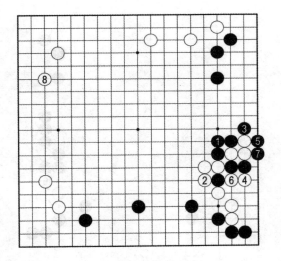

实际上还是形势判断的问题。

黑1粘，局部可快一气杀白。

可是，吃掉白三颗子，落了后手。

至白8，依然是白棋明显优势的局面！

白8也可于下边打入黑阵。

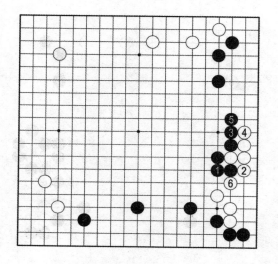

黑棋冲不下去。

粘上，白2拐过即可。

至白6，白棋活得很舒服。

黑棋上边的配置，显得重复。

邹老师，黑5不能反击吗？

图十六

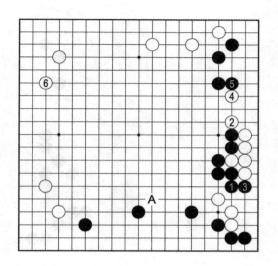

黑1从这里截断白棋。

白棋转身活到上边即可。

至白6，依然是白棋不错的局面。

白6也可以考虑直接A位尖冲，侵消下边黑阵。

总之，黑棋吃三颗白子，没有想象中大。

并且，今后白棋还有动出三颗子的可能性。

图十七

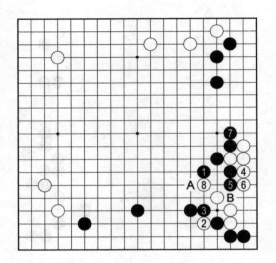

黑1虎，棋形上要优于之前的粘。

小黑："兄弟，这一枪看你怎么躲！"

请牢记，重要知识点来啦！

白2是绝妙的次序，成功防住了黑B位的分断！

小白："好险啊！还好没枪头。"

白6之后，黑不敢造次。

黑7长，白8补棋，即可满意。

今后，黑A位扳，白积极点，可脱先。稳健点，就B位老实地防守，形势也不错。

图十八

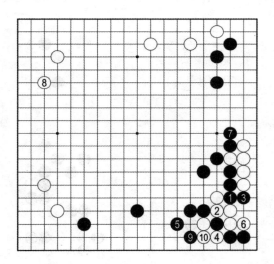

小黑："谁说没有枪头就捅不死人！"

黑1挤，偏不信这个邪！

至白10，白角是活棋。

转换的结果，白棋的实地获利更多，黑棋不能满意。

小白："吓我一跳，差点以为你是霸王枪的传人。幸好只是王八枪。"

小黑："熟归熟，不带人身攻击的啊！"

图十九

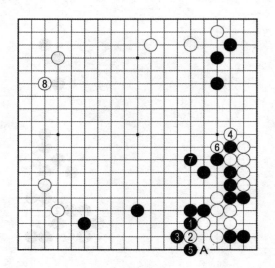

上图让白棋活得太轻松。

黑1拐，给白棋上点压力。

白4冷静的好棋！

记住邹老师之前教过的武功心法——走不好，即脱先！

白8先站稳脚跟。别忘了，角上A位留着打劫，白棋没有死！

如此，依然是白棋明显有利的局面。

图二十

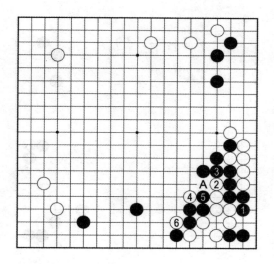

黑1拐，企图避开打劫。

不过，黑棋外围有缺陷。

白2、4、6三连击，次序精妙，轻松突围。

白6断之后，A位的冲出，黑棋已经堵不

住了。

小白："骑上我心爱的小摩托……"

图二十一

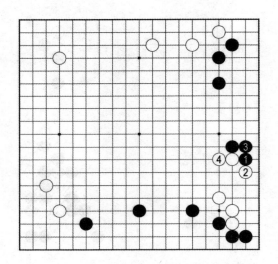

黑棋之前的应对，白棋都还不错。

来看看黑1下边扳。

白2扳是要点！

黑3退缩，白4长，棋形舒展，白棋可以满意。

小白："你总是心太软，心太软。"

小黑："歌神啊你，给我打住！"

图二十二

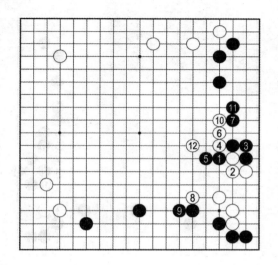

黑1从这里打吃也不好。

黑3如粘4位，白棋3位吃住黑子，即可满意。

黑3粘底下，白4断是局部紧凑的好棋。

白8靠出之后，白12反攻过来，黑棋有些被动。

图二十三

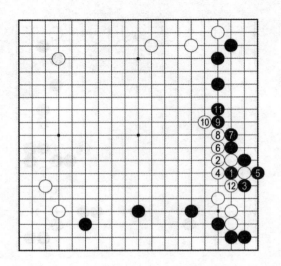

综上所述，看来，黑棋只好1位打吃。

注意，保持冷静！

白4拐打，才是正确的应手！

白6、8连压整形。不要恨空，该给人家的
还是要给！白12稳健补棋即可，全局白棋稍稍
有利。

当然，积极一点，白12也可考虑脱先，占
左上角的大场。

邹老师，我有个困惑，黑5不能粘12位
吗？

图二十四

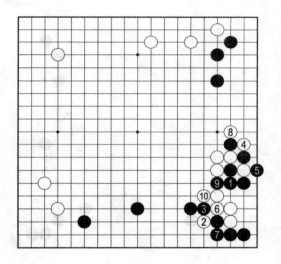

不巧，白棋此时有2位夹的好棋！

小黑："嘟个就这么倒霉。"

小白："你生气的样子真好看。"

至白10，白棋上边该拿的拿了，下边黑棋却吃不到白棋。

是不是有种人财两空的感觉。

咦，好像又是熟悉的爱情……

图二十五

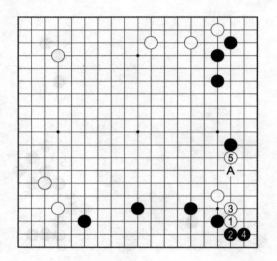

总结一下，看看咱们之前都讲了啥。

记住啦，当白棋1、3托退之后，我们不要在A位拆边了，那种平庸的下法是吸引不到美女的！

白5碰上去，才是局部的最佳！

我个人认为，白5之后，黑棋大致会选择图二十三的进行。

图二十六

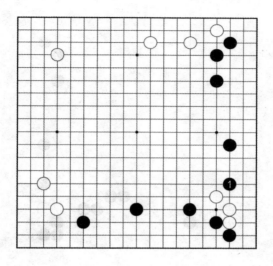

黑1从上边攻过来，也是一法。

小白："你好烦啊！"

小黑："社会是残酷的，与其被社会毒打，不如先让我打醒你！"

白棋该如何定型呢？

打起精神来，咱们继续往下看！

图二十七

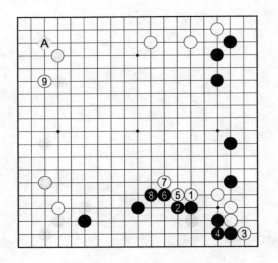

实际上，白棋的选择有很多。

抱着"化繁为简"的宗旨，邹老师向您推荐白1靠！

黑2如退，白棋简单处理即可。

至白9，白棋步调快速，可以满意。

进程中，黑8可脱先，抢A位的大场，也许会好一些。不过，我认为依然是白棋稍好。

图二十八

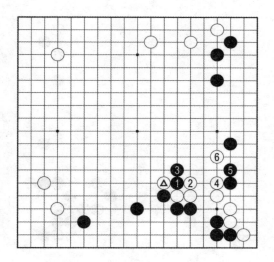

黑1断，白棋不用担心。

白棋把大块处理好即可。

白△那颗子很轻，不必在意。

至白6，黑棋的棋形反倒变薄了。

图二十九

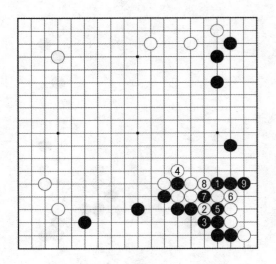

黑1抢先贴，对白棋是个考验！

注意关键的次序，别下错了！

白2先虎，交换一下，再4位提，才是正确的应对！

至黑9，局部形成打劫。

邹老师，打劫看起来有些复杂啊！

其实，不复杂。因为，此劫白轻黑重，白棋很容易处理。

图三十

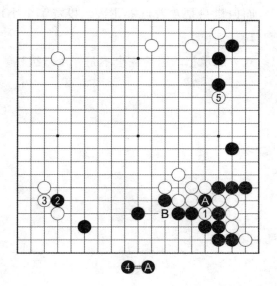

4＝A

接上图。白1提劫之后，黑2寻劫，白棋就老实应住。

白5碰，黑棋跟着应，则上方的劫材太多，黑角上的劫打不赢。而黑如不应，选择消劫，全局黑棋又不太满意。

注意！下方打劫，如果是白棋劫胜，白棋A位粘之后，黑棋下边还留有B位打吃的问题！

明白了吗？

黑棋拿着全部家当，还贷着款去赌房产的

升值。

而白棋只是拿着点零花钱，投资了个小户型，玩玩而已。

双方所承担的风险完全不是一个量级！

图三十一

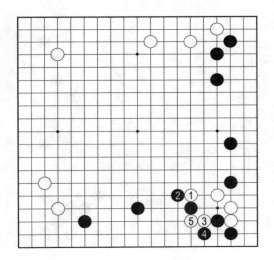

　　既然之前退不满意，那就换一招，黑2扳起。

　　白3夹，是此时的好棋。

　　黑4虎，大恶手！白5之后，黑棋难以为继！

　　小白："黑兄，我本以为你是个王者，原来是个青铜。"

图三十二

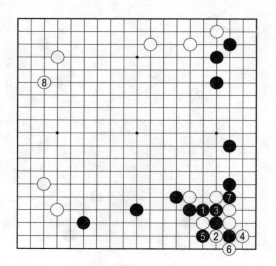

黑1冲，才是正确的应手！

至白8，黑取势，白取地，我认为是白棋
稍优。

当然，黑7断，也不是那么着急。

黑棋也可脱先，先抢外围大场。

图三十三

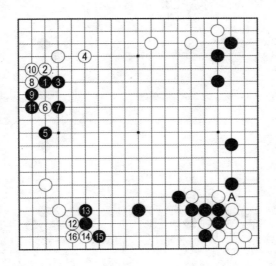

小白："你不着急，我也不着急，看谁沉不住气。"

A位实际上没有想象中那么大，可伺机再抢。

白棋即使跟着黑棋的步调进行，棋局也不错。

至白16，双方形势很接近，我个人更喜欢白棋一些。

图三十四

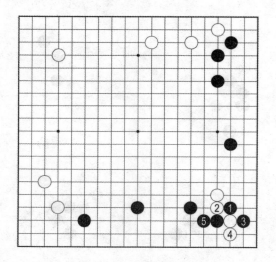

再来看看黑1扳这里的变化。

当白棋托的时候，AI老师给出的首选就是黑1扳！

邹老师，黑5之后，白棋上边两颗子和下边两颗子，好像无法两全啊！

为什么一定需要两全呢？

如果上面两颗子是羊肉串，下边两颗子是啤酒，你羊肉串和啤酒都要，过分了吧！

图三十五

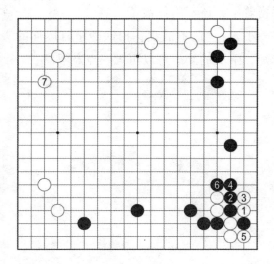

白1先拿好自己的啤酒，羊肉串给黑棋就好。

至白7，全局依然是平衡的局面。

世界上有很多事情的平衡，看您从哪个角度去看。

小白："我有啤酒，他有羊肉串，双赢！"

小黑："我没有啤酒，为啥给我羊肉串，我不爽，他也休想爽！"

您看，双赢是一种平衡。相互不爽，也是一种平衡。

小白："我有个梦想，左手冰镇啤酒，右手撸着串，还不用付钱。"

小黑："信不信我一招铁砂掌打爆你的头！麻烦，下次的梦想可以再大一点点吗？"

图三十六

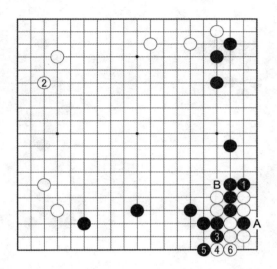

黑1拐下边，有利有弊。

好处是：黑3挡是先手，下边目数会有便宜。

弊病是：上面两颗白子没吃住。今后，白棋可B位动出。

需要注意，白4不能脱先！否则，黑A位立，白角是死棋！

本图的进行与上图差不多，都是可以考虑的定型。

邹老师，黑棋难道一定要补棋吗？

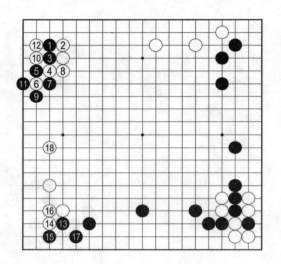

黑棋脱先也是一法！

右下角，黑棋不补，白棋也别着急动，反正黑棋迟早得补！

至白18，局势依然不相伯仲。

邹老师，既然右下角白棋也没招，黑棋为啥要补？

谁说没招？时机没到而已！

图三十八

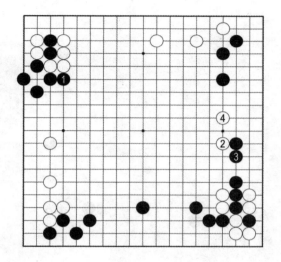

白2碰，是今后留着的后续手段。

黑棋自身气紧，不敢发力。

白4跳，消除了黑棋的势力。

因此，黑1还不如右下角补棋。

图三十九

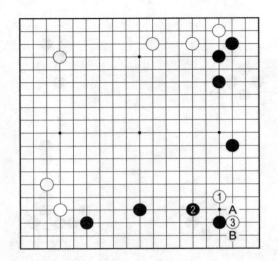

好啦，总结一下咱们之前都讲了啥。

主要讲的是白3托角之后，黑棋A、B两种应法的后续手段。

我个人认为，黑棋A位扳，略优于B位扳。

图三十五、图三十六、图三十七，都是双方可接受的进行。

黑2飞起的变化，告一段落。

咱们来看看，黑棋其它的下法。

图四十

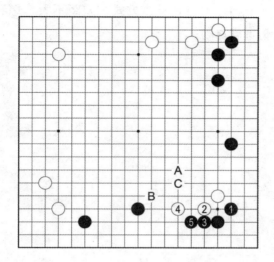

黑1小尖，也是曾经的流行下法。

我在"小林流布局"的系列里，曾经提到过一句。

那么，请容许我，再啰嗦两句。

您愿意或者不愿意，都得愿意。

谁让这是我的地盘呢！

白2小尖，是我比较推荐的下法，较为简明。

小白："你奸，我也尖，谁怕谁！"

小黑："别以为我不知道你骂人！"

黑5之后，白棋的选择比较多。

A、B、C三种补棋方式，差距不大，您看心情选就好啦。

图四十一

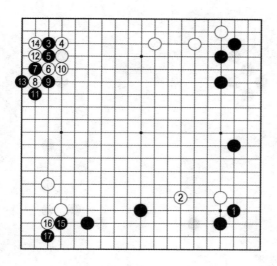

白2轻灵的二间跳，也可行。

只不过，朦胧的美，理解起来比较困难。

不理解也没关系，邹老师也不理解。

记住邹老师的心法——不会下，就脱先！

黑棋反正角上定式一打，蒙头抢空就好。

这就像，咱们对未来前途迷茫时，先努力赚钱总是没错的。

搞不清前途，就先图钱！

当然，咱们得守法！

图四十二

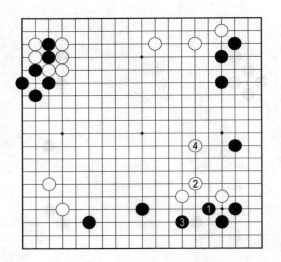

上图的进行，是双方接近的局势。

右下角，黑若想出手，黑1尖是可以考虑的手段。

至白4，全局形势依然差不多。

白2也有其它的选择。

图四十三

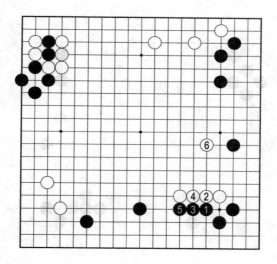

白2压住也可行。

至白6，黑棋获得实地，白棋走厚中央，双方各有所得。与上图的进行，差别不大。

记住邹老师的心法——啤酒和羊肉串，顶多给其一！

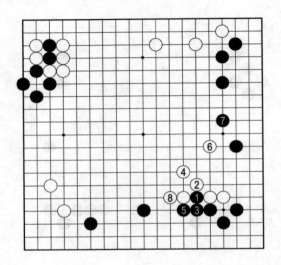

黑1挖，也未必便宜。

至白8，与上图比较，也差不离。

进程中，白6直接在8位长也可行。

整体来看，我认为，图四十至图四十四，这几个变化图，双方的形势都非常接近，都是实战中可以尝试的下法。

图四十五

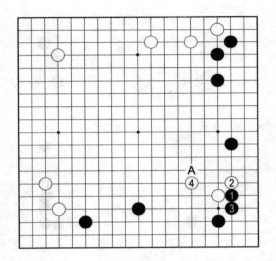

再来看看，黑1托的下法。

白2、4是局部简明的定型。

当然，白4的选择有很多种，比如A位象步也可以考虑。

本图的进行很清爽，不足之处就是口味清淡了些。

喜欢重口味的同学们，请和我一起感受乘风破浪的刺激吧！

图四十六

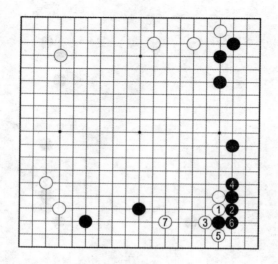

白1顶是更激烈的下法！

黑4软弱，至白7，白棋活得很舒服。

小白："能不能给点压力啊！"

小黑："我怕你那单薄的小身板，被压塌

了。"

图四十七

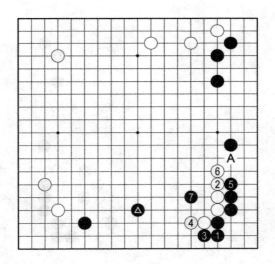

黑1立，比上图好多了。

小白："就这？"

黑3、5先蓄力，黑7图穷匕见！

小黑："准备接招吧！让你知道，什么叫做云泥之差！"

黑7如在A位连络，就又要被小白嘲讽啦。

黑仗着⊿有子力优势，发起攻击！

白棋该如何抵挡呢？

图四十八

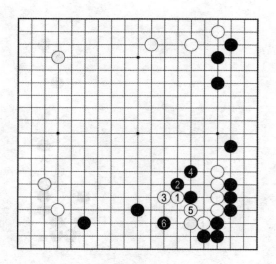

白1靠出，似乎是第一感。

黑2、4瞄着白棋的断点，至黑6，白棋的棋形有些不舒服。

小白："什么时候出拳变这么快啦？"

小黑："你这种级别，是理解不了我的小宇宙的！"

图四十九

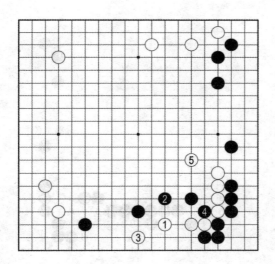

关键时刻，还得邹老师亲自出手！

白棋的应法有很多种。只不过，变化都很复杂。

复杂，咱们就化！

白1，是我个人认为比较好理解的下法，推荐给同学们。

黑2跳，事情就简单啦！

至白5，白棋两块棋分而治之即可。

黑棋重拳有落空之嫌。

图五十

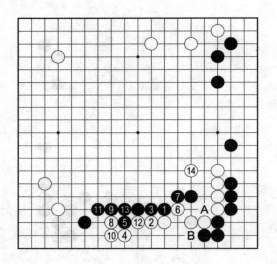

黑1靠住，才是更为紧凑的应手！

白2长，黑3粘上边，白4飞出。

注意！黑5尖时，白6是重要的次序，不可出错！

至白14，白棋基本安定，可以满意。

下边，黑如A断，则白B，黑棋暂时也拿不住白棋上边。

图五十一

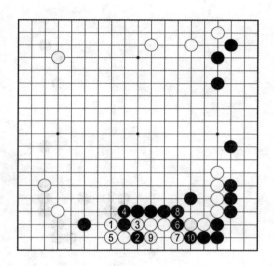

注意！白1直接扳，次序有误。

黑2、4、6一套组合拳，白棋招架不住！

小黑："破绽太多了。接招——闪电光速拳！"

小白："不愧是黄金圣斗士。"

图五十二

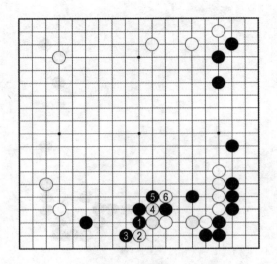

黑1挡下，是最强硬的抵抗。

白6之后，局部变得复杂起来。

邹老师，您说好的化繁为简呢？

没办法，当遇到黄金圣斗士，邹老师也化不开。

不过，别担心，仔细往下看，云雾终会散开的。

图五十三

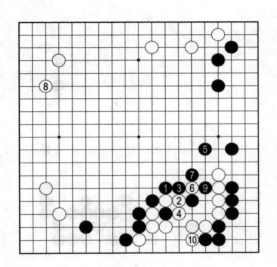

先放个结论！

黑1至白10，大致是双方正常的应对，全局形势依然很接近。

邹老师，我有两个问题！

一是黑1不能跑吗？二是黑3打下边不可以吗？

别着急，知道您肯定是云里雾里的，咱们一步一步来解惑！

图五十四

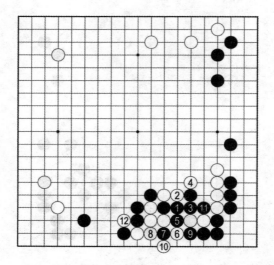

来看看黑1跑出的变化。

白2挤，关键的一手，紧住黑棋的气！

黑3粘，白4扳，接下来是必然的进行。

白12断，黑棋外围有气紧的问题。

邹老师，白棋的气也很紧啊！

咋啦，谁怕谁，不就是比肺活量嘛！

图五十五

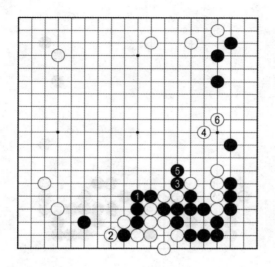

接下来，黑1粘，白2先取实地。

黑3打吃时，请注意！

别贪念残子！

白4、6思路清晰，破坏上方黑阵，白棋形势不错。

图五十六

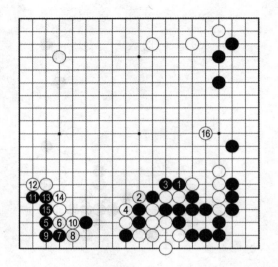

黑1如先打吃，白棋转换就很简明。

白4提之后，黑5是显见的大场。

白棋角上争到先手，至白16，我认为是白棋稍好的局面。

图五十七

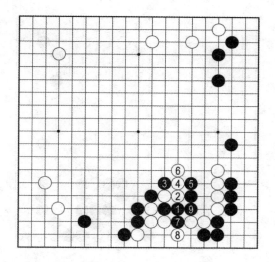

再来看看黑3打吃的变化。

注意！黑1、3的次序颠倒一下也没啥区别！

所以，您之前提出的两个问题，实际上是一个问题。

至黑9，是双方必然的进行。

那接下来，会发生什么呢？

图五十八

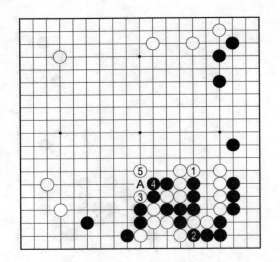

白1、3、5，漂亮的组合拳。

小白："这一枷，脑壳疼吧？"

小黑："我铁头功，我怕谁！"

黑棋能A位冲吗？

请同学们自行计算一下，邹老师相信您，一定比小黑强！

图五十九

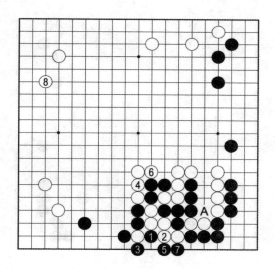

黑棋冲不出去，就只能下边紧气。黑3只能提，不要忘了A位，黑棋还有气紧问题。

至白8，白棋弃子包住黑棋，大获成功！

意不意外？

小黑："我以为，我赚了很多钱！"

这就是人生！当您退休工资涨了几百块，您心中一阵狂喜的时候。请看看，外面的羊肉串已经从5毛，涨到了5块。

所以，别盯着货币的数量，真正要关心的是货币的购买力。通货膨胀，请了解一下！

图六十

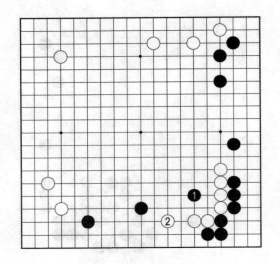

总结一下。

黑1点方，来势汹汹。

白2不是唯一的防守，但却是邹老师个人认为比较好理解的应手。

图五十三，是我认为双方都可接受的定型。

图六十一

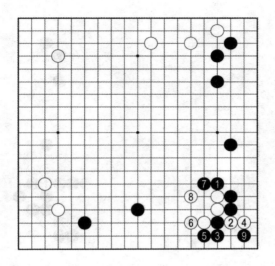

再来看看黑1扳起的下法！

小黑："躲过了我的闪电光速拳，那再尝尝我的六道轮回！"

小白："什么！你开的什么挂？居然从狮子座变身成处女座？"

小黑："咋啦，不服吗？逼急了，我还变雅典娜！"

至黑9，也是局部常见的定式。

接下来，似乎棋局又乱了。

莫慌！相信我，云雾终会散开的！

图六十二

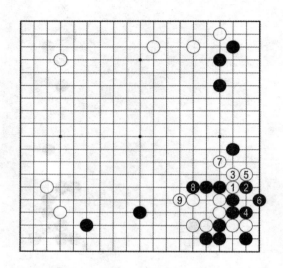

接上图。

白1、3、5是必然的进行。

接下来，白棋该如何处理呢？

白7尖出，似乎是第一感。

至白9，形成双方都没有把握的混战。

同学们请教老师问题时，最担心的是什么？

是不是最担心老师说"我也搞不清"？

因为，等于啥也没说！

作为一个负责任的老师，我还是要倾尽全力，为您尽可能地化繁为简！

图六十三

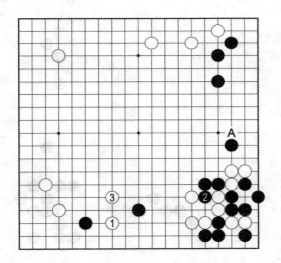

白1打入，以攻为守，是我推崇的一手！

当您明白，右边都可以不要的时候，是不是轻松了很多？

这就叫做——断舍离！

邹老师，您这境界高啊！

您对我的景仰是不是如滔滔江水，连绵不绝？

别盲目崇拜，邹老师是个俗人。

右边三颗子，没准备弃子。今后，A位碰，还得"折磨"一下黑棋的神经。

至白3，我认为是白棋好下！

图六十四

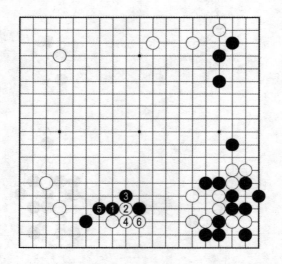

　　白棋打入的时候，黑1上靠是白棋最期待的。

　　至白6，白棋拿住边上实地，还顺势接应了右边。

　　小白："对不起，黑兄。你憨憨的样子实在好可爱。"

图六十五

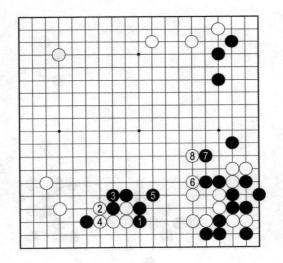

黑棋从1位截断白棋，白2、4先捞一票实地。

黑5需要补自身断点。

白6贴，扬长而去。

黑棋作战失败！

图六十六

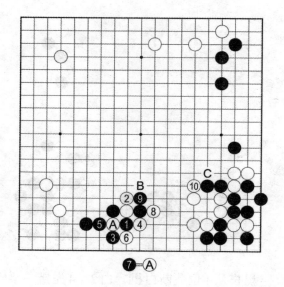

黑1从下边打，也是我们熟悉的下法。

黑棋劫材不利，没法开劫。

白8征吃，黑9不能跑！

白10贴之后，B与C见合，黑崩了。

图六十七

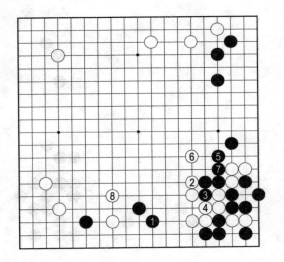

黑棋之前的下法不利，那就换一招。

黑1抢先阻断。

白2贴，交换几手将自身走畅，白8跳出。

黑棋攻不到白棋右边，作战有些勉强。

邹老师，黑棋为啥落后手呢？

图六十八

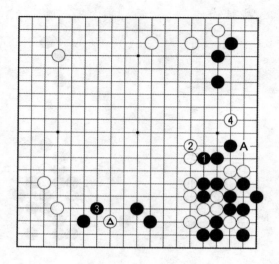

黑1双，可争先。

不过，白4打入，黑棋不舒服。

黑棋还得担心A位的托。

至于下边，实际上白△一子还有余味，黑棋所得并不多。

因此，黑1争先的下法依然不利。

图六十九

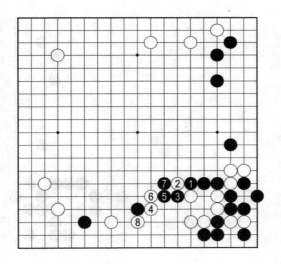

那看来黑棋的问题出在了前面！

黑1先压会如何呢？

白2扳，是局部的好棋！

诱黑3来断。

白4碰，漂亮的棋感！

此类吸引粉丝的手段，一定要牢记！

至白8，白棋明显有利。

别担心右边被吃，那些都是鸡肋！

图七十

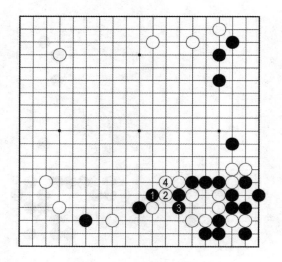

好好欣赏白棋这步碰！

黑1上扳，结局会更惨。

至白4，黑棋棋形被打穿，已难以为继。

小白："黑兄，如果有一天，你老无所依，我一定罩着你！"

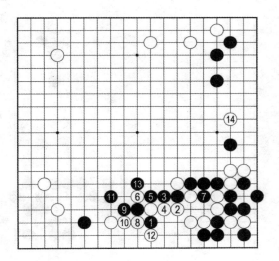

黑1扳下边比上图好不少。

不过，白棋依然有巧妙的手段可获得连络。

白12简单补棋即可。

黑13打吃，中腹虽然得到一些势力。

可惜，局部落了后手。

白14打入，黑棋的步调有缓慢之感。

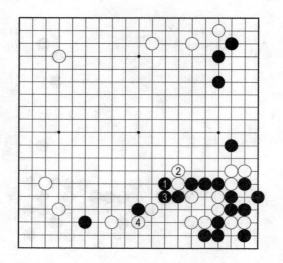

黑1打吃上边，也拿不住白棋。

白4扳过之后，黑棋右边的棋形味道不好。

怎么说呢？

白棋获得的丰厚收益，肉眼可见。

而黑棋投资的公司，似乎有爆雷的风险。

图七十三

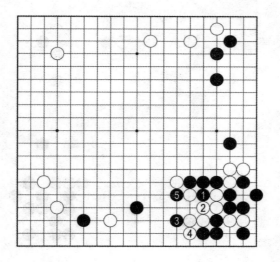

邹老师，黑棋刚才断，中计了。

黑1冲吃，白棋咋办？

白2粘，黑3顶，残酷的一手！

黑5打吃，白棋要全军覆没了。

白4不拐，局部也无棋可应。

能下出黑3这步，为师很欣慰。

只不过，白棋为什么要粘呢？

还记得之前讲的（图六十三）吗？

忘了要诀啦？断舍离啊！

图七十四

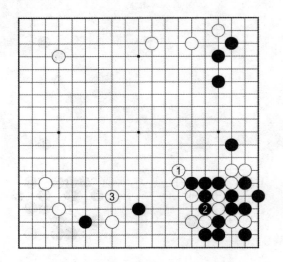

用不着的东西，该扔就扔吧！

咱们收拾屋子的时候一定有这样的体会，扔完一堆废品之后，心情会舒畅很多。

尤其是女生！因为，清空了柜子之后，就又有了填满柜子的理由。

买买买！

至白3，白棋拥有广阔的天地，而黑棋右边棋形拥挤，效率不高。

进程中，白1也可直接在3位跳。

图七十五

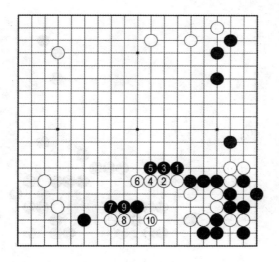

看来，黑棋只好1位扳了。

白2、4、6老实应对即可。

黑7得处理下边。

白10跳出，催促黑棋下边定型。

图七十六

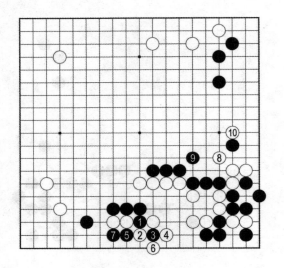

黑棋下边没活。

黑1、3冲断是比较容易想到的手段。

至黑7，双方各自安好。

只不过，白棋抢到了先手。

白8、10的手段值得学习！

白棋将上边黑阵洗劫一空，黑棋全局实空吃紧，局势不利。

图七十七

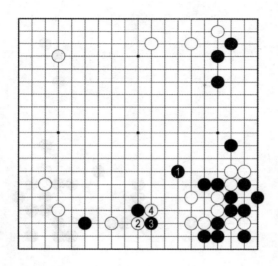

既然之前压，被白棋扳，黑不好对付。

那就试试黑1飞。

这下，白棋没得扳了吧！

黑1飞，缺点是没紧住白棋的气，给白棋压力不够。

白2、4托断，在下边寻求联络。

小黑："这么能搅，好像挺复杂啊！"

小白："这种程度也能叫复杂，你也配称黄金圣斗士?"

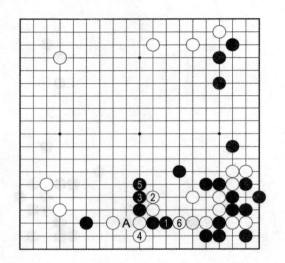

实际上，战斗并没有咱们想象的复杂。

黑1长，几乎是必然的一手！

白2长，黑棋不能只是想着保全自身，得攻击白棋。

黑3贴出冲击白棋，瞄着A位打吃。

至白6，是双方的最强应对。

邹老师，黑棋难道死了吗？

别气我，死了还配称最强应对吗！

图七十九

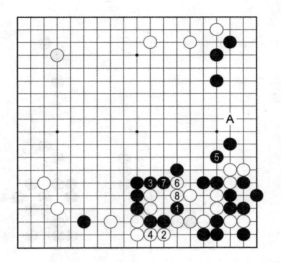

黑1扳，巧妙的手段，黑棋脱困啦！

不过，白棋本来也没想吃黑棋，只是为了联络。

白2扳过之后，黑5得补棋。

白6尖，是稳健的下法。

吃住黑子，并且给黑棋中央制造薄味。

至白8，我喜欢白棋。

进程中，白6也可直接A位打入，会更积极一些。

图八十

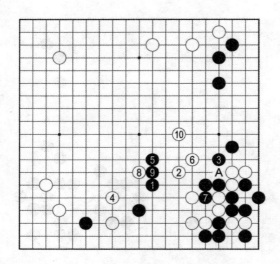

黑1飞，是此局面下AI老师给出的首选。

看不懂吧？

邹老师也不大理解。

不理解不要紧，知道怎么应对就行。

白棋的思路一定要清晰！

核心就是——左边角，捞实地，右边棋，跑出去！白6瞄着A位冲，黑7是为了补棋。

之前讲过，那两颗白子很轻，白大部队跑出去就行。

至白10，白棋轻松出逃，是白棋稍优的局势。

图八十一

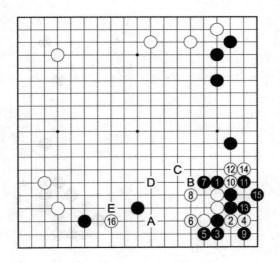

好啦，咱们总结一下之前的内容。

黑1扳，局部为"小雪崩"定式。

黑7、9是顽强的战斗，有些复杂。

白16是邹老师给同学们推荐的下法。

注意！白16绝不是唯一的下法！

白16打入之后，黑棋A、B、C、D、E五套剑法，邹老师都竭尽所能，讲解了破解之法。

同学们，修行在个人，今后的路，只能靠自己了。

图八十二

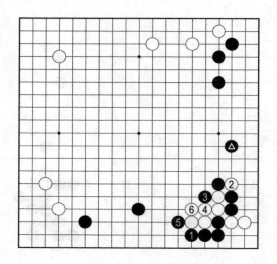

小黑："别以为就结束了，我还没放大招呢！"黑1爬，白棋此时征子有利，白2断，可以成立。

在一般情况下，黑棋两颗子被吃，明显是不利的。

小白："黑兄，你又在搞笑了吧?"

小黑："你这种级别的算力，怎么会和我交上手的?"

注意看！黑△有子，局部会有意想不到的变化！

图八十三

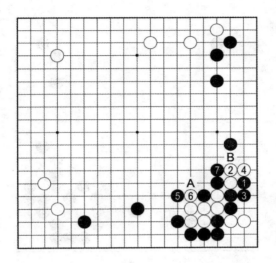

黑1、3先延气。然后，黑5枷是重要的次序！

黑7之后，有没有发现A和B，白棋难以兼顾？

小白："难道我死了？"

小黑："你这种算力，注定是个韭菜。"

唉，人生几何，对韭当割！

图八十四

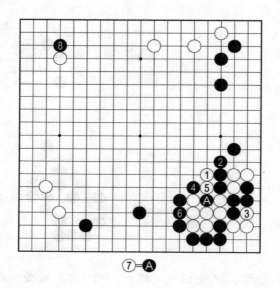

白1夹，是此时的妙手。

还好我及时赶到，小白才幸运地保住了韭菜叶子。

右下角，白棋仗着征子有利，吃住了黑棋。

不过，黑棋并没有崩！

黑8托，在角上引征。

图八十五

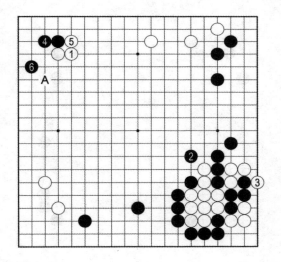

　　下边有征子关系，白棋上边不好发力，大致只好1位长。

　　黑2先手封住下边，再黑4夺角。

　　至黑6，是双方都可接受的定型。

　　接下来，白棋可考虑在A位飞，压迫黑角。

图八十六

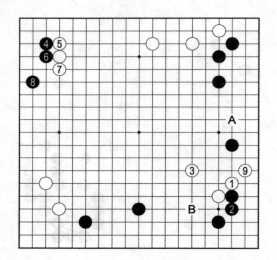

好啦，之前"小雪崩"的下法，基本讲完啦！

上图，是我认为双方的最佳定型。

我们回到白1扳的下法。

之前，讲得过于草率了。作为一个负责任的老师，我感到深深的惭愧！

白3象步飞，是邹老师喜欢的一手，在此，送给同学们！

走不好，即脱先！黑4点三三，深得我精髓啊！

白7长，角上争先手。右下角，白9小尖是后续的整形手段。之后，A和B两点，白棋必得其一。

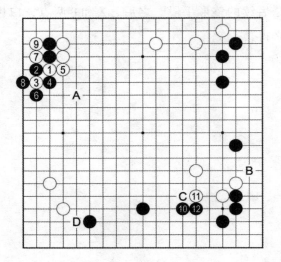

白棋左上角不争先，先取地也是不错的选择。

右下角，黑棋没啥严厉的手段。

至黑12，是双方大致的分寸。

接下来，A、B、C、D都是白棋可以考虑的选择！

本图与上图的进行，都是双方可接受的定型。

图八十八

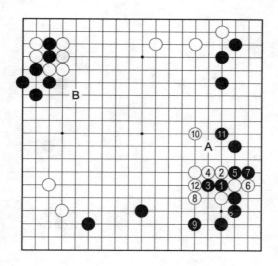

黑1断，真是让人期待的一手啊！

小白："我在这儿等着你来断，等着你来断，给我送大餐。"

白2、4简单处理即可。底下两颗白子其实没多大。黑9拆下边，会比吃两子更好！

注意！白10先做交换是重要的次序！

如直接走12位，黑A位跳是好点，黑棋即扳回了局势。

本图至白12，全局是白棋好调。

进程中，白12在B位飞，也很好！

图八十九

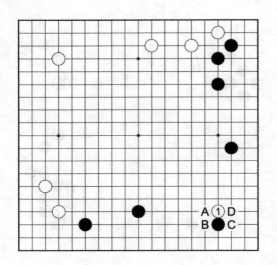

之前，白棋高挂的下法，咱们就告一段落。

接下来，咱们讲讲白1的碰。

我们都知道，围棋初学者喜欢贴着对方下棋。

而AI老师也经常提醒咱们，要贴着对方下棋。

只不过，同样的贴着下，思路和后续手段是完全不一样的！

初学者："下棋就要牵着手，今生今世好

朋友。"

AI老师："我只有不停的要，要到你想逃！"

开个玩笑。接下来，咱们继续讲讲白1碰之后，黑棋A、B、C、D四种应对的变化！

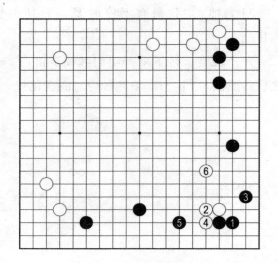

黑1长角里是比较简明的应对。

等于还原到三三的定式。

至白6，黑棋子力的位置偏低，稍有不满。

黑棋的下法也不算差，但似乎少了些追求。

人要是没有理想，那和咸鱼有什么分别！

图九十一

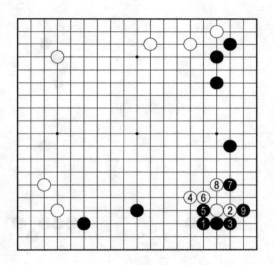

黑1长外面，白棋该如何应对呢？

白4飞是显见的好点！只不过，白棋着急了一些。

黑5、7是紧凑的好棋，白棋棋形有些难受。

至黑9，白棋棋形凝重，黑棋可以满意。

图九十二

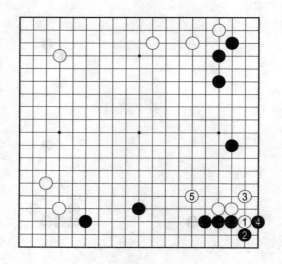

白1、3才是正确的次序。

交换之后，白5再飞，棋形就好多了！

和上图比较一下，感受到区别了吗？

完全没感觉啊！

没关系，让一个人最快成长的方式，是让他承受吃亏的痛苦！

图九十三

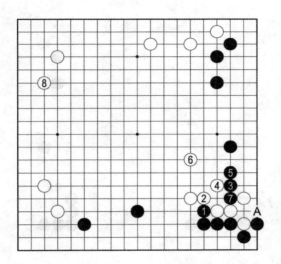

接上图。黑1、3再如法炮制。

白4虎的时候，情况就不同啦！

黑5只能退了。

白6不着急连回，是更高明的处理！

今后，瞄着A位打劫的手段。

黑7如挤断白棋，整体的子效不高，速度
有些慢。

白脱先，抢大场即可。

至白8，是白棋不错的局面。

图九十四

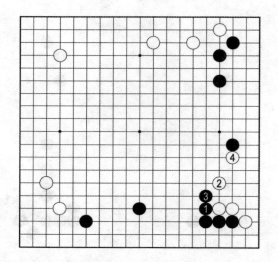

既然之前，黑棋有被利之嫌。

黑1拐，先抢中央的头，会如何呢？

请记住局部的要点！

白2跳，瞄着虎，黑3只好长，白4碰是局部的精髓！

小黑："为啥总是紧逼贴身啊！"

小白："我也不想啊！可是，AI老师说，效率是挤出来的！"

图九十五

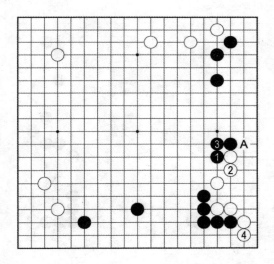

接上图。

黑1上扳，白2退，瞄着A位的二路扳。

黑3粘，补棋。白4长进角里，局部获得安定。

白棋在黑棋的阵势里，活得如此舒服。

小白："真是美妙的感觉！"

图九十六

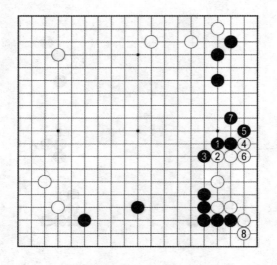

黑1上长，效果和上图大同小异。

白4、6扳接是要点！至白8，白棋依然活得很舒服。

小白："是熟悉的感觉，空气中弥漫着小黑愚蠢的味道！"

图九十七

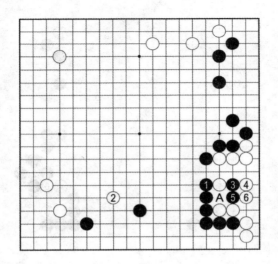

多提醒一句。

黑1压是后手！

白2脱先，限制黑棋的势力。

黑3以下的搜刮，没啥好怕的。

注意！白6之后，黑棋如在A位打吃，是后手！

白棋角上是活棋，可继续脱先！

图九十八

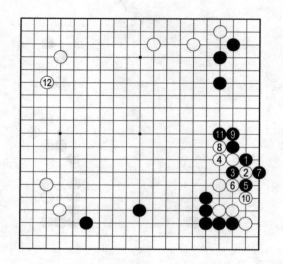

黑1下扳，才是此时最佳的应手！

白2、6、8整形三连击，需要牢记！

白10虎之后，下边暂时不用担心死活问题。

记住要诀，只要有机会，别忘了抢地盘！

至白12，我认为是白棋稍有利的局面。

图九十九

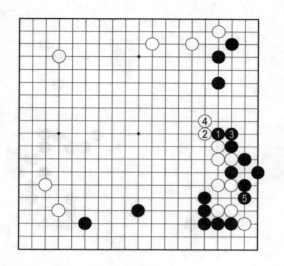

黑1扳是比较顽强的抵抗。

黑棋的目的是要抢先手，占据黑5！

白2如5位虎，黑则2位长，黑棋优于上图的定型。

黑5之后，白棋该如何进行呢？

有两种选择可供参考！

图一百

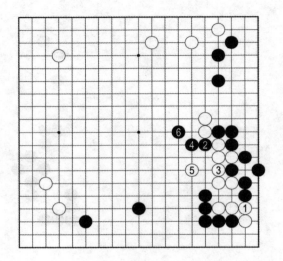

如果您恨他！

那就白1粘上，啥都不给，燃烧双方的脑细胞，至死方休！

至黑6，是一场双方都难以把握的混战。

悄悄地告诉您一个几乎没啥作用的秘密。

AI老师说，胜率上是白棋占优！

图一百零一

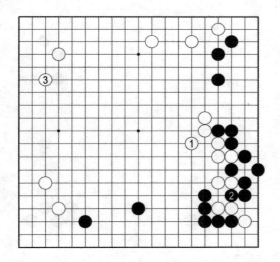

如果您没那么恨他，又比较珍惜自己的脑细胞。

白1虎，也是不错的选择。

虽说是对手，但好歹相识一场，何苦呢！

黑2冲是更好的吃棋方式，撞紧白棋的气。

至白3，我认为是白棋稍稍有利的局面。

OK，两种方式，如何选择，就看您与对手的交情如何啦！

图一百零二

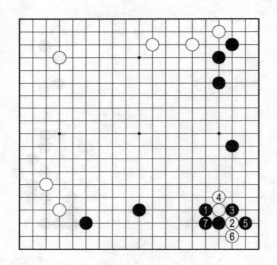

黑1扳，看起来紧凑，实际上是真的臭！

白2扳，要夺黑棋的角地。

黑3、5、7动强。

咦！是不是有熟悉的感觉？

图一百零三

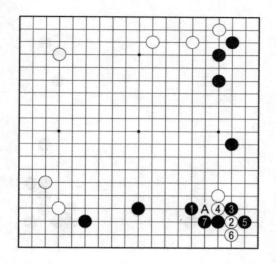

没错！

还记得吗？我们之前有讲过本图的变化。

与上图比较，等于黑1的位置挪到了 A 位。

告诉您个不幸的消息！黑棋挪了位置，反
倒吃亏了！

图一百零四

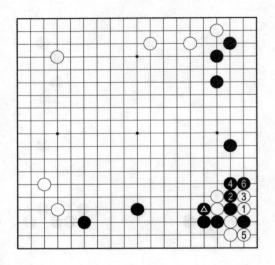

白棋很好处理！

简单吃角，白棋即可满意。

还是原来的配方，熟悉的味道。

黑❷的位置不如小尖的位置！

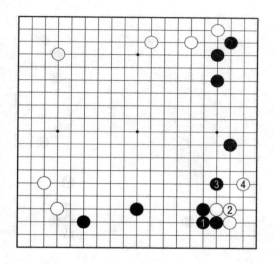

黑1粘，白2、4轻松活角。

当初，黑棋呈两翼张开之势。

现在，白棋能活这么大，还能有啥不满？

图一百零六

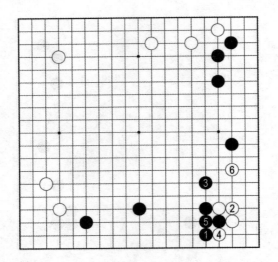

黑1虎，比上图要细腻一些。

不过，细节上的优化，改变不了趋势的没落。

至白6，依然是白棋不错。

小白："确认过眼神，是我爱的黑。"

图一百零七

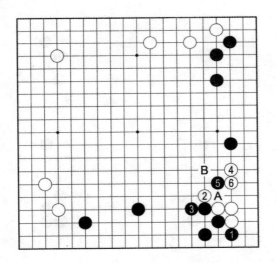

　　黑1虎角里，白4拆边，黑棋也不能满意。

　　黑5点刺，没啥作用。

　　白6之后，黑如A位断，则白B枷，黑棋只会越亏越多！

　　发现了吗?

　　当方向错了，无论怎么努力，都是徒劳！

图一百零八

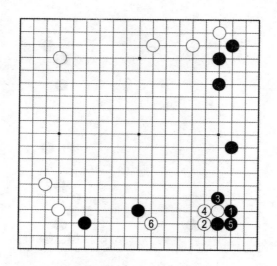

黑1扳角里，才是正确的应对！

小白："黑兄，请挂D挡，再给油。"

小黑："怪不得，我说怎么老被自行车超车呢！"

白2扳时，黑3、5是一种选择。

白6拆三，是不是有些意外？

是不是棋形不够优雅？

您一定没有真正的穷过！

优雅能当饭吃吗？抢完地盘，解决温饱，咱们才能有时间谈理想，追品位。

图一百零九

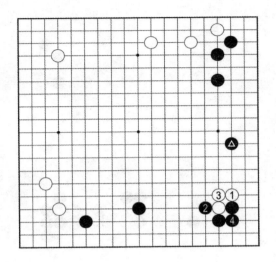

多提一句。白1扳这边是不可取的！

看见黑△的子了吗？

这就像，本来是一对一的单挑，你非得说："哥们，你们一块上！"

你当你是甄子丹啊！

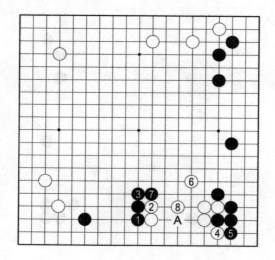

回到图一百零八的进行，继续来看白棋拆三之后的变化。

黑1挡，白2贴，继续扩大自己的空间。

白4与黑5交换一下，是为了防A位的打入。

至白8，白棋地盘抢到了，头也出去了。

小白："黑兄，想不到你脾气这么好！"

图一百一十一

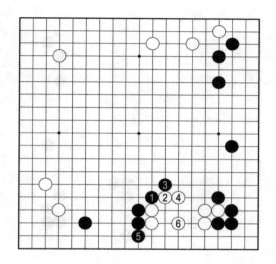

黑1扳头，白棋就顺着黑棋步调，跟着应。

小白："你强任你强，只要不抢钱，都不是问题！"

至白6，白棋整理好了棋形。

小黑："好像得势不得分啊！"

小白："还挺会给自己找台阶嘛，确定得势吗？"

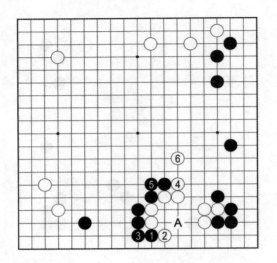

黑1、3要是扳接。那么，白棋就不必担心A位的点方！

白4、6出头，即可满意。

小白："刚才（上图）补棋是有所担心，你当我好欺负吗！"

本图的进行，黑棋不如上图！

图一百一十三

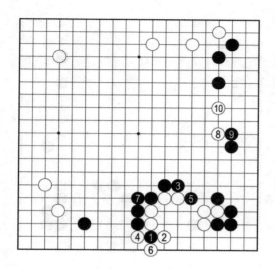

黑3压，强封白棋的头。

注意，白棋有气紧的问题，不可硬拼！

白4打吃，冷静做活。

黑棋想封中央就让他封。

小黑："黑势滔天，怕了吧！"

小白："踏平！"

至白10，我喜欢白棋。

图一百一十四

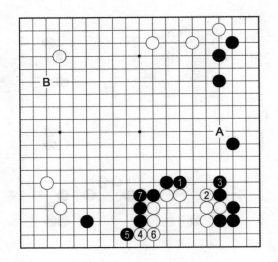

黑1直接压，白棋此时有多种选择。

抱着化繁为简的宗旨，邹老师向同学们推荐本图的进行。

白棋就地做活，即可满意。

黑7粘之后，白棋可B位守角，也可A位踏平黑阵。

本图和之前的几个图，形势差不多，都是白棋稍稍有利的局面。

图一百一十五

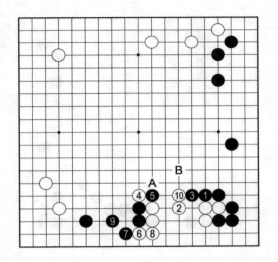

黑1从这边压，也是一种选择。

白2跳是棋形的要点。

黑3长，白4扳，寻求整形的步调。

至白10，黑棋无法继续进攻白棋。

接下来，黑如A位长，白则B位跳。

白4那颗子，很轻，别太在意。

本图的进行，依然是白棋稍稍有利。

图一百一十六

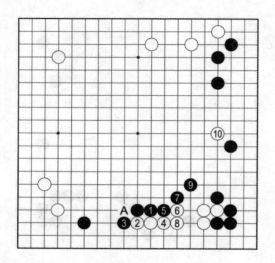

挡的变化讲完了。

咱们再来看看黑1压，白棋该如何应对。

白2爬是必须的！

黑3扳，事情变得简单了。

小白："没想到，黑兄这么好说话。"

白4以下，安定好自身即可。

黑棋外围留有A位的断点，棋形并不完整。

白10，踏平黑阵。

尽管形势差距不大，但我还是更喜欢持白棋。

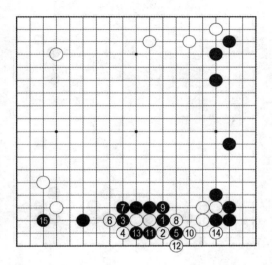

黑1先扳，才是更好的次序！

白4扳，稍有疑问。

黑5连扳之后，大致会进行至黑15，白棋稍有不满。

图一百一十八

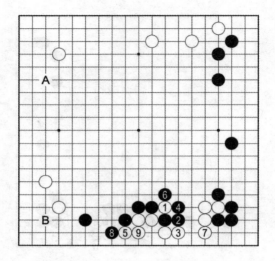

白1、3先做交换，优于上图的定型。

白5扳之后，黑棋不能动强，黑6提，只
此一手。

白7下立，防黑棋下扳。

至白9，是双方都可接受的局面。

接下来，A与B是黑棋可考虑的选点。

图一百一十九

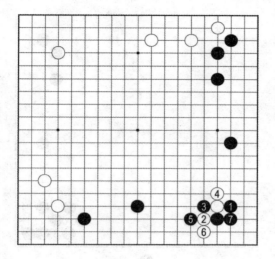

之前的定型，双方差距不大。

但人活着，总要有点追求。

请大声说出你的梦想！

小黑："我想让小白变成黑人！"

黑3、5、7是局部的最强应手！

白棋该如何应对呢？

图一百二十

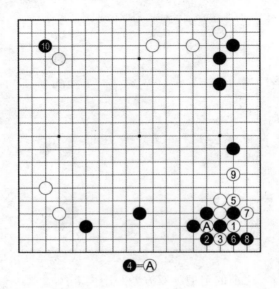

提醒一句！

白1从角上打吃是有问题的！

黑棋不需要打劫，黑4粘上即可。

至白9，白棋局部是吃亏的！

黑10脱先抢大场，黑棋简明好调。

图一百二十一

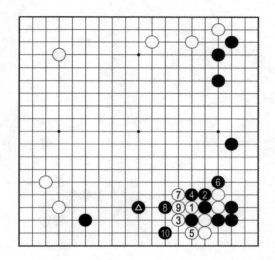

白1、3是高手实战中常用的手段。

只不过，场合有些问题！

白7虎的时候，发现了吗？黑△的子，正等着白棋！

小黑："这么喜欢撞枪口，典型的韭菜。"

黑8、10绝好的步调，白棋棋形难受，不能满意（实际上，白棋只是稍有不满）。

图一百二十二

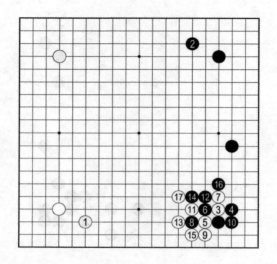

如果换个场合，效果就完全不一样了！

和上图比较，白棋的子力配置明显更好！

备注：白棋形势也只是稍稍有利！

小白："我感觉我又行了！"

小黑："咋啦？昨天清了仓，今天又手痒
了？"

图一百二十三

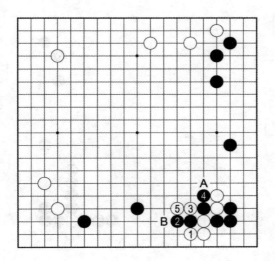

白1拐，才是此局面下，更好的应手！

黑2长，材料队大队长！

至白5，A与B两点见合，黑棋大亏。

小黑："唉，夜深、酒醒、叹惆怅……"

小白："输盘棋，还成了诗人，你牛！"

图一百二十四

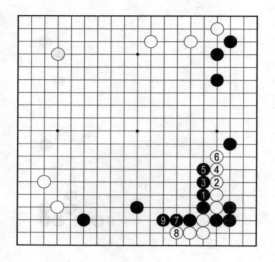

黑1压，才是正确的应手！

白2长，胡闹！

白棋上边跑出去，下边死了。

典型的捡芝麻丢西瓜行为！

图一百二十五

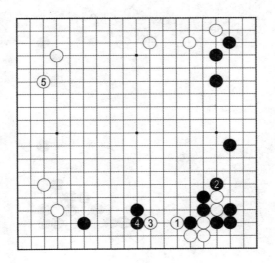

白1救下边，思路正确。

白3与黑4交换之后，下边基本安定。

白5赶紧脱先抢大场。

记住要诀——围棋就是抢地盘！

只不过，白棋形势也算不上好。

因此，似乎可以再追求一下。

图一百二十六

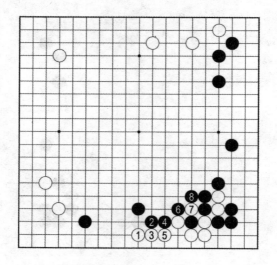

白1二路滑，如何呢？

黑2小尖，拿住白棋棋形的破绽！

至黑8，白棋被全面压制在底下。

怎么说呢？一直在转型，却从未脱过贫！

小黑："白兄真是异于常人！追求生活的品质，是往下追的！"

图一百二十七

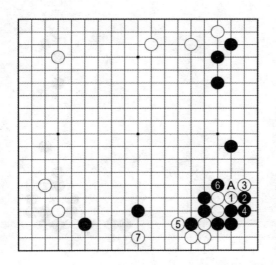

白1拐，才是正确的追求生活品质的方式！

至白7，有没有觉得角上几手交换，白棋便宜了呢？

多了A位的粘出，白棋角上的气，延长了！

邹老师，白棋还不是死了吗？

气延长了，厚薄就不同了啊！

对于白棋来说，角上的便宜是白来的！

老板给您多发奖金，您还能拒绝啦？

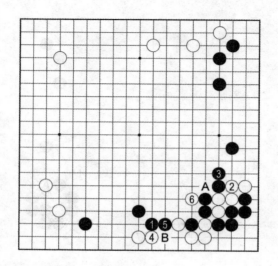

看一看显见的区别!

黑1小尖，熟悉的配方，但疗效却大不相同!

白6夹，客官请好好品一品。

A与B见合，黑棋封不住啦!

图一百二十九

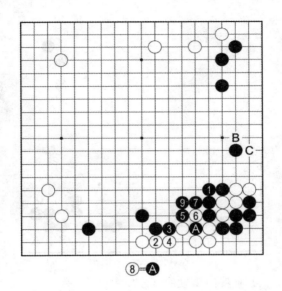

⑧＝Ⓐ

黑1粘这里，效果也不咋样！

至黑9，黑棋封是封住了，但外围厚薄差了很多！

与图一百二十六比较一下，厚薄差距肉眼可见！

今后，白棋可考虑B位或者C位，借用一下，占些便宜。

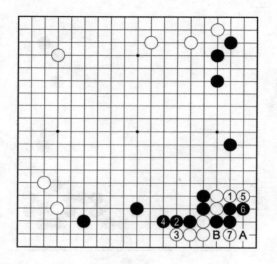

之前被白棋便宜了。

咱们来看看黑2长，与下边杀气会如何？

白5立，正确的杀气方式！

黑6挡，白7简单一托，A与B见合，黑棋凉凉了。

小白："善恶终有报，天道好轮回。不信抬头看，苍天饶过谁！"

图一百三十一

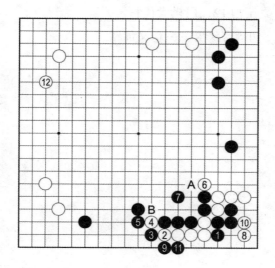

黑1，换一边挡，试试看。

小黑："苍天太厉害，惹不起，咱躲还不行嘛！"

小白："不用苍天出手，一样打得你屁滚尿流！"

白6扳，上边先占些便宜。

注意！黑7如A位扳，白B位跑出，黑棋气紧，局部要崩溃！

白8好棋！弃掉下边，角上获利。

黑9只能收气，白棋角上获利之后，抢占

大场。

至白12，白棋大优！

小黑："唉……仓又加错。"

图一百三十二

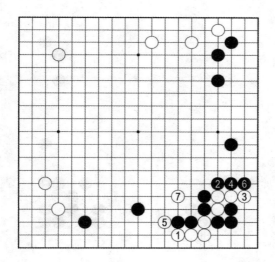

因此，白1爬的时候，黑棋只好2位扳，先杀上边白棋。

白3立，是关键的次序，要牢记！

白棋的目的是——把气延长！

小白："死也要死得有尊严，不能被气死！"

黑6补棋是本手。

白7出头之后，黑棋大致会脱先。

我认为是白棋稍稍有利。

图一百三十三

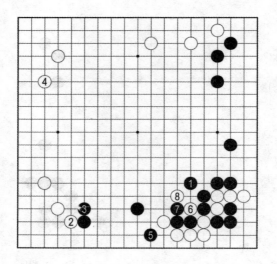

黑1虎，补在上边反倒不如上图。

白棋直接就可以脱先了！

对于下边白棋，黑5飞是最强硬的进攻。

可惜，白棋有6、8脱困的好棋！

小白："一切尽在我掌握中。"

黑7不能跑，只能脱先走别处！

图一百三十四

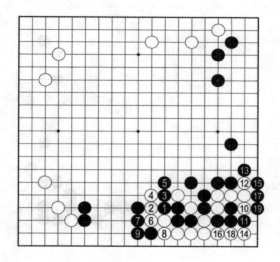

黑1继续跑，真是执迷不悟啊！

白2顺势打出。

白10、12、14是角上一直预留着的手段。

至黑19，白棋已经先手活了。

小白："黑兄，你这到底是要闹哪样啊！"

小黑："呃……没想到角上你居然还留了
一手。"

图一百三十五

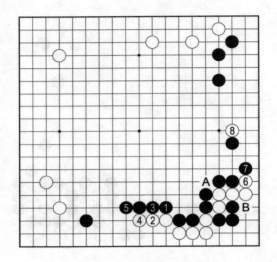

黑1扳，直接封锁白棋，才是局部最为复杂的抵抗。

小黑："本来就想简单聊聊天，非得聊那么复杂。"

小白："你到底会不会聊天！"

黑5长，态度良好，事情就好办啦！

白棋边上已是活棋，没必要再花手数补棋。

白8碰，先下手为强，黑棋外围气很紧，棋形味道很坏。

今后，A位有断的借用。别忘了，外围的便宜占尽之后，白角上B位拐，依然有弃子的搜刮手段（看上图，角上有官子手段）。

本图依然是白棋稍优。

图一百三十六

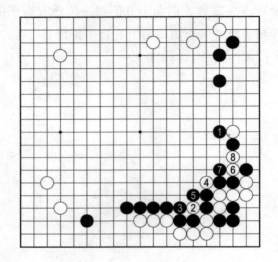

注意！黑1扳是有危险的！

黑棋下边棋形气紧，不敢发力！

白2打吃的时候，黑3已经不能粘了！

至白8，您好好品品！白棋角上死灰复燃啦！

小黑："唉，聊个天，怎么聊着聊着就上天了……"

图一百三十七

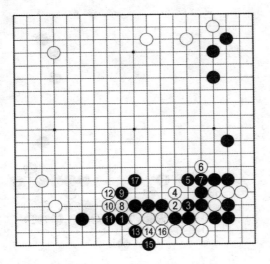

黑1扳住，继续顽强抵抗。

白2、4打出，再8位断，形成混战。

注意！别忘了白6刺的先手交换！

至黑17，几乎是双方必然的进行。

接下来，白棋该如何处理呢？

图一百三十八

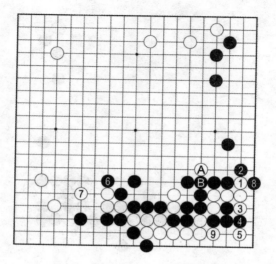

白1、3、5先做活下边，是此时较为简明的选择。

现在可以看出，白棋之前（上图）A与B交换的好处！

白9之后，黑棋面临抉择！

小白："我不知该说些什么，你要不要角？"

图一百三十九

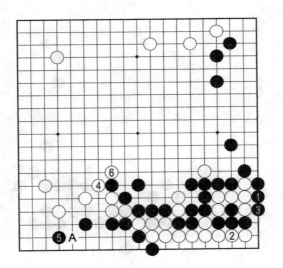

黑1吃角，没人能抵抗实地的诱惑！

可白4虎时，黑5得做活下边，白6拍吃，心情舒畅。

白棋明显优势！

黑5如6位长，白A位飞，黑棋下边危险。

看来，黑棋只好忍痛弃角了！

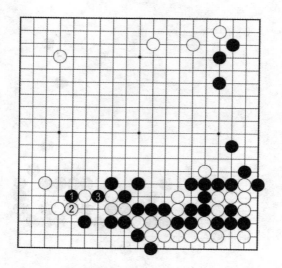

黑1靠出，继续考验白棋。

白棋一定要小心！

白2中计！

黑3之后，白三颗子已不能要了！

小黑："都说了让你小心了。"

小白："下次，能提前点说吗！"

图一百四十一

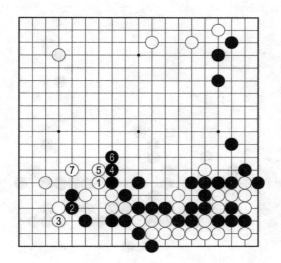

白1虎，才是正确的应手。

至白7，黑棋被封在里面，还得后手做活，苦不堪言！

小白："黑兄，原来就会点骗着，就不能给点压力吗！"

小黑："好了伤疤，忘了疼！不记得上图了吗？刚才你已经悔棋啦！"

图一百四十二

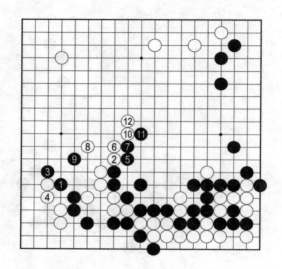

黑1尖出，才是此时最顽强的抵抗！

白2扳，要点！

下棋和谈判一样，别总跟着对手的思路来，要抢占主动权。你才是主角！

白8先补强自己，瞄着黑棋的断点。

黑9补断。白10扳，很重要，控制中央的头！

至白12，是白棋稍有利的局面。

邹老师，右下角不大吗？

谁说不大啊！

吃右下角，目数价值大概23目的样子，能不大吗！

可惜，现在没空啊！

图一百四十三

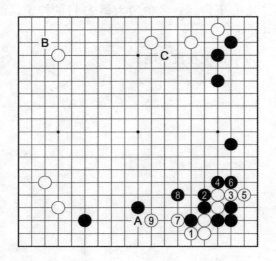

好啦，搞清楚来龙去脉，咱们要下结论啦！

黑之前7位长是稍亏的下法！

黑4直接扳，才是正确的应手！

白5延气依然是此时的要点！

至白9，是双方都可接受的定型。

接下来，黑棋如A位挡是后手，白棋会脱先。

因此，黑棋此时可考虑B位点三三。或者C位点刺，扩张形势。今后，再找时机A位挡。

图一百四十四

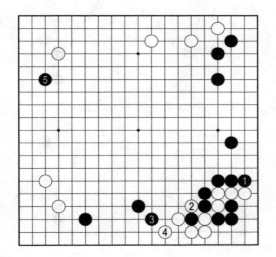

黑1挡，补在底下也是一法！

白2提，是局部眼形的要点！

黑3与白4的交换是黑棋的先手权利。

至黑5，依然是势均力敌的格局。

图一百四十五

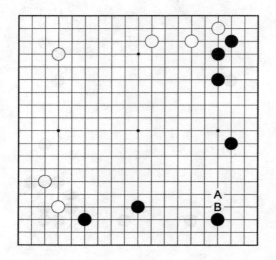

快乐的时光总是短暂的，又要说再见啦！

本册，咱们重点讲了白棋 A、B 两种手段的应法。

关于此局面，也许您之前一路跌跌撞撞，掉过很多次坑，受尽了社会的毒打，依然是一脸的懵。

邹老师希望，当您拥有了这本书，可以走出自己高光的人生——让我们愉快地毒打对手吧！